Impressum
Verlag: BABADADA GmbH, Nedderfeld 112 , 22529 Hamburg
Geschäftsführer / Verlagsleitung: Harald Hof
Druck: Books on Demand GmbH, In de Tarpen 42, 22848 Norderstedt

Imprint
Publisher: BABADADA GmbH, Nedderfeld 112 , 22529 Hamburg, Germany
Managing Director / Publishing direction: Harald Hof
Print: Books on Demand GmbH, In de Tarpen 42, 22848 Norderstedt, Germany

ትምህርት ቤት

škola

መማሪያ ክፍል
učiona
ማካፈል
deliti
ሰሌዳ
ploča
የትምህርት ቤት ቅጥር ግቢ
školsko dvorište
መምህር
nastavnik
ረቀት
papir
pisati
እስክሪብቶ
hemijska olovka
መፃ ያ ጠረጴዛ
pisaći stol
ማስመሪያ
lenjir
መጽሐፍ
knjiga
ተማሪ
učenik

የጀርባ ቦርሳ

torba

የእርሳስ መያዣ

pernica

እርሳስ

grafitna olovka

የእርሳስ መቅረጫ

šiljilo za olovke

ላጲስ

gumica za brisanje

የስዕል ደብተር

blok za crtanje

ስዕል
....

crtež

የቀለም ብሩሽ
....

kist

የቀለም ሳጥን
....

kutija sa bojama

መቀስ
....

makaze

ማጣበቂያ
....

lepilo

መልመጃ ደብተር
....

beležnica

የቤት ስራ
....

domaći zadatak

12

ቁጥር
....

broj

2+2

መደመር
....

sabirati

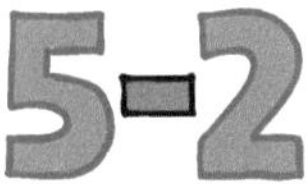

5-2

መቀነስ
....

oduzimati

2×2

ማባዛት
....

množiti

ቁጥሮችን ማስላት
....

računati

A

ደብዳቤ
....

slovo

ABCDEFG
HIJKLMN
OPQRSTU
VWXYZ

ፊደላት
....

abeceda

ቃል
....

reč

ፅሑፍ

tekst

ማንበብ

čitati

ጠመኔ

kreda

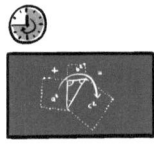

ትምህርት

čas

ምዝገባ

dnevnik

ፈተና

ispit

ሰርተፊኬት

svedočanstvo

የትምህርት ቤት የደንብ ልብስ

školska uniforma

ትምህርት

obrazovanje

አዉደ ጥበብ

leksikon

ዩኒቨርስቲ

univerzitet

የምርምር አጉሊ መሳርያ

mikroskop

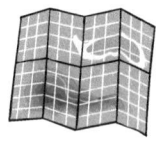

ካርታ

karta

የቆሻሻ ወረቀት መጣያ ቅርጫት

košara za papir

ሆቴል
hotel
ማረፊያ ቤት
prenoćište
የዉጭ ገንዘብ ምንዛሪ ቢሮ
menjačnica
ልብስ መያዣ ሻንጣ
kofer
መኪና
auto

ቋንቋ

jezik

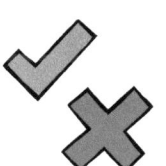

አዎ/ አይደለም

da / ne

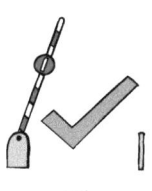

እሺ

okej

ሰላም

zdravo

አስተርጓሚ

prevodilac

አመሰግናለሁ

hvala

ስንት ነዉ.......?

....

Koliko košta...?

አልገባኝም

....

ne razumem

እክል

....

problem

እንደምን አመሹ!

....

dobro veče!

እንደምን አደሩ!

....

Dobro jutro!

መልካም ምሽት!

....

Laku noć!

ደህና ይሰንብቱ

....

doviđenja

አቅጣጫ

....

smer

ሻንጣ

....

prtljaga

ቦርሳ

....

torba

የጀርባ ቦርሳ

....

ruksak

እንግዳ

....

gost

ክፍል

....

soba

የመተኛ ቦርሳ

....

vreća za spavanje

ድንኳን

....

šator

የጎብኚዎች መረጃ

turističke informacije

የባህር ዳርቻ

plaža

ክሬዲት ካርድ

kreditna kartica

ቁርስ

doručak

ምሳ

ručak

እራት

večera

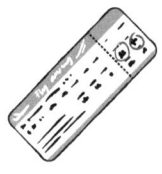

ቲኬት

karta za vožnju

አሳንሰር

lift

ማህተም

poštanska markica

ድንበር

granica

ባህሎች

carina

ኤምባሲ

ambasada

ቪዛ/የይለፍ ወረቀት

viza

ፓስፖርት

pasoš

መጓጓዣ
transport

አዉሮፕላን
avion
መርከብ
brod
የእሳት አደጋ መኪና
vatrogasno vozilo
autobus
የጭነት መኪና
teretno vozilo
የሞተር ጀልባ
motorni čamac
መኪና
auto
ብስክሌት
bicikl

የማመላለሻ ጀልባ

trajekt

ጀልባ

čamac

የሞተር ብስክሌት

motocikl

የፖሊስ መኪና

policijski auto

የዉድድር መኪና

trkaći auto

የኪራይ መኪና

iznajmljeno auto

የመኪና መጋራት

delenje automobila

ጎታች መኪና

vučno vozilo

የቆሻሻ ጭነት መኪና

vozilo za odvoz smeća

ሞተር

motor

ነዳጅ

benzin

የቤንዚን ማደያ

benzinska stanica

የመንገድ ምልክት

saobraćajni znak

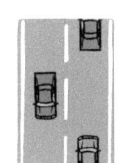

የመኪኖች እንቅስቃሴ

saobraćaj

የመኪና መጨናነቅ

zastoj

የመኪና ማቆሚያ

parkiralište

የባቡር ጣቢያ

železnička stanica

የባቡር ሀዲዶች

šine

ባቡር

voz

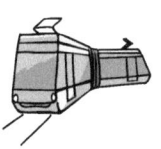

የኤሌክትሪክ ባቡር

tramvaj

ሰረገላ

vagon

ሄሊኮፕተር

helikopter

አየር ማረፊያ

aerodrom

ማማ

kula

መንገደኛ

putnik

ማስቀመጫ፤ ማጠራቀሚያ

kontejner

ካርቶን እቃ ማሸጊያ

karton

ጋሪ፤ ተሳቢ

kolica

ቅርጫት

korpa

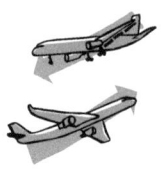

መነሳት/ ማረፍ

uzleteti / sleteti

ከተማ

grad

መንደር

selo

የከተማ ማዕከል

centar grada

ቤት

kuća

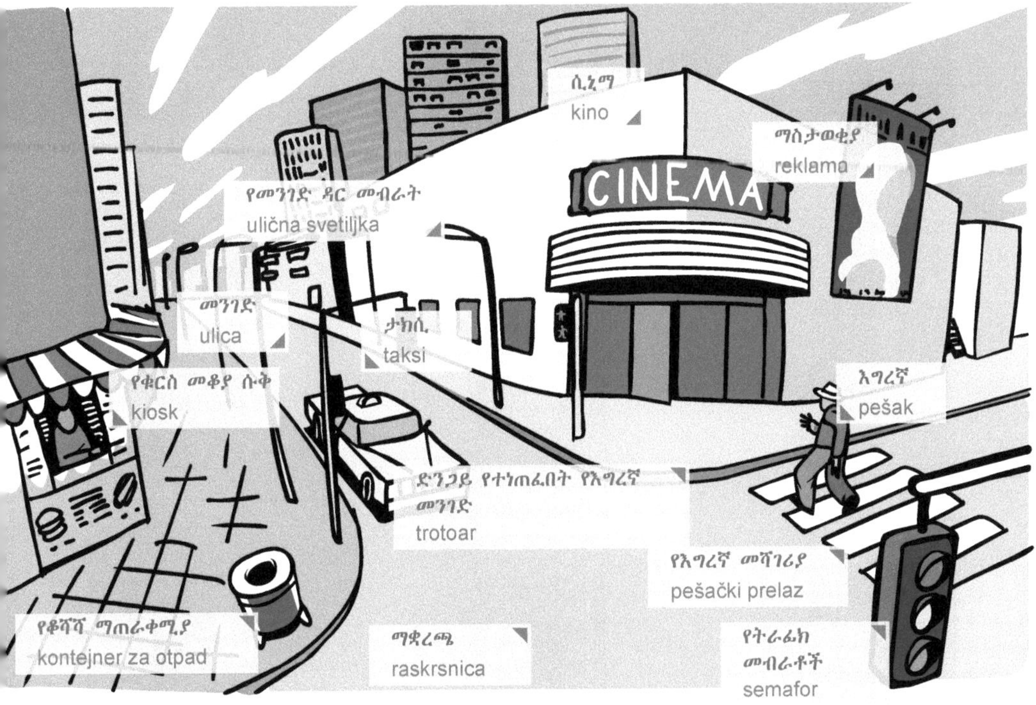

ሲኒማ
kino
ማስታወቂያ
reklama
የመንገድ ዳር መብራት
ulična svetiljka
መንገድ
ulica
ታክሲ
taksi
እግረኛ
pešak
የቁርስ መቆያ ሱቅ
kiosk
ድንጋይ የተነጠፈበት የእግረኛ መንገድ
trotoar
የእግረኛ መሻገሪያ
pešački prelaz
የቆሻሻ ማጠራቀሚያ
kontejner za otpad
ማቋረጫ
raskrsnica
የትራፊክ መብራቶች
semafor

ጎጆ

koliba

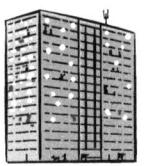

አፓርታማ

stan

የባቡር ጣቢያ

železnička stanica

የከተማ አዳራሽ

većnica

ቤተ መዘክር

muzej

ትምህርት ቤት

škola

ዩኒቨርስቲ

univerzitet

ባንክ

banka

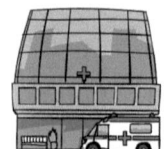

ሆስፒታል

bolnica

ሆቴል

hotel

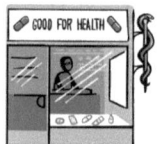

መድሐኒት ቤት

apoteka

ቢሮ

kancelarija

መፅሐፍ መሸጫ

knjižara

ሱቅ

prodavnica

የአበባ መሸጫ

cvećara

የሸቀጣ ሸቀጥ መደብር

supermarket

ገበያ ስፍራ

trg

መደብር

robna kuća

የዓሳ ነጋዴ

ribarnica

የገበያ ማዕከል

trgovački centar

ወደብ

luka

መናፈሻ ቦታ

park

አግዳሚ ወንበር

klupa

ድልድይ

most

ደረጃዎች

stepenice

ዉስጥ ለዉስጥ

podzemna železnica

ዋሻ

tunel

የአዉቶቡስ ፌርማታ

autobuska stanica

ባር

bar

ምግብ ቤት

restoran

የፖስታ ሳጥን

poštansko sanduče

የመንገድ ምልክት

ulični znak

የመኪና ማቆሚያ ሒሳብ የሚያሰላ ማሽን

parkirni automat

የደር እንስሳት ማቆያ

zoološki vrt

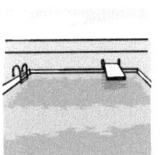

የመዋኛ ገንዳ

bazen

መስጊድ

džamija

ርሻ

seosko gazdinstvo

የሚበክል ነገር

zagađenje okoline

መቃብር ስፍራ

groblje

ቤተ ክርስቲያን

crkva

መጫወቻ ሜዳ

igralište

ቤተ መቅደስ

hram

መልከዓምድር

pejsaž

ቅጠል
list
የመንገድ ላይ ምልክት
putokaz
መንገድ
put
አረንጓዴ መስክ
livada
ድንጋይ
kamen
በ ግሩ የሚጓዝ
šetač
ዛፍ
drvo
ወንዝ
reka
ሳር
trava
አበባ
cvijet

ሸለቆ

dolina

ኮረብታ

planina

ሀይቅ

jezero

ጫካ

šuma

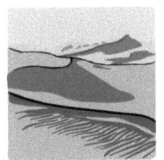

በረሃ

pustinja

እሳተ ገሞራ

vulkan

ግምብ

dvorac

ቀስተ ዳመና

duga

እንጉዳይ

gljiva

የቴምብር ዛፍ/ ዘንባባ

palma

ቢንቢ/ የወባ ትንኝ

moskito

በራሪ

muva

ጉንዳን

mrav

ንብ

pčela

ሸረሪት

pauk

ጢንዚዛ

buba

እንቁራሪት

žaba

ሽኮኮ

veverica

ጃርት

jež

ጥንቸል

zec

ጉጉት ወፍ

sova

ወፍ

ptica

የዉሃ ዳክዬ

labud

ከርከሮ

divlja svinja

አጋዘን

jelen

አጋዘን

los

ግድብ

nasip

በነፋስ የሚሽከረከር

vetrenjača

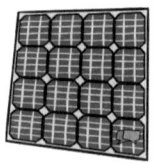

የፀሀይ ፓኔሎ

solarna ploča

አየር ንብረት

klima

ምግብ ቤት

restoran

አስተናጋጅ
konobar
ማዉጫ
jelovnik
ወንበር
stolica
ሾርባ
supa
ፒዛ
pica
pribor za jelo
የጠረጴዛ ጨርቅ
stolnjak

የምግብ ፍላጎትን የሚከፍት ምግብ
predjelo

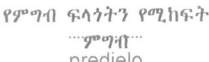

ዋና ምግብ
glavno jelo

ማጣጣሚያ ተከታይ ምግብ
desert

መጠጦች
napitci

ምግብ
jelo

ጠርሙስ
flaša

ፈጣን ምግብ

brza hrana

የመንገድ ምግብ

imbis hrana

የሻይ ማንቆርቆሪያ

čajnik

የስኳር እቃ

doza za šećer

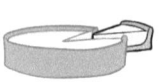

ድርሻ

porcija

የቡና ማፊያ ማሽን

aparat za espresso

ባለጌ ወንበር

visoka stolica

የክፍያ ደረሰኝ

račun

ትሪ

poslužavnik

ቢላዋ

nož

ሹካ

viljuška

ማንኪያ

kašika

የሻይ ማንኪያ

čajna kašika

ልብስ ምግብ እንዳይነካ የሚረዳ ጨርቅ

salveta

ብርጭቆ

čaša

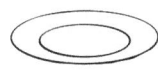

ዝርግ ሰሀን

tanjir

የሾርባ ጎድጓዳ ሰሀን

tanjir za supu

የስኒ ማስቀመጫ

tanjirić

ማጣፈጫ ስጎ

sos

የጨዉ እቃ

soljenka

የተፈጨ ቃሪያ

mlin za biber

ኮምጣጤ

sirće

የምግብ ዘይት

ulje

ቀመማ ቅመሞች

začini

የቲማቲም ድልህ

kečap

ሰናፍጭ

senf

ማዮኒዝ

majoneza

የሸቀጣ ሸቀጥ መደብር

supermarket

ponuda
ደምበኛ
kupac
የወተት ተዋፅዖ
mlečni proizvodi
ፍራፍሬ
voće
ባለ ጎማ የእጅ ጋሪ
kolica za kupovinu

ሉካንዳ ነጋዴ

mesnica

መጋገርያ

pekara

ክብደት መመዘን

vagati

ቅጠላ ቅጠል አትክልት

povrće

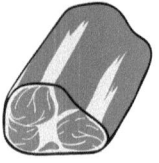

ስጋ

meso

የቀዘቀዘ/የረጋ ምግብ

smrznuta hrana

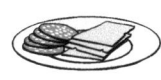

ቀዝቃዛ ቁራጭ

....

narezak

የታሸገ ምግብ

....

konzerve

የማጠቢያ ዱቄት

....

sredstvo za pranje

ጣፋጮች

....

slatkiši

የቤት ዉስጥ ዉጤቶች

....

artikli za domaćinstvo

የፅዳት ምርቶች

....

sredstva za čišćenje

የሽያጭ ባለሙያ

....

prodavačica

የገንዘብ መመዝቢያ ማሽን

....

blagajna

የሒሳብ ሰራተኛ

....

blagajnik

የግዢ ዝርዝር

....

lista za kupovinu

ክፍት ሰዓታት

....

vreme rada

የኪስ ቦርሳ

....

novčanik

ክሬዲት ካርድ

....

kreditna kartica

ቦርሳ

....

torba

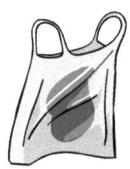

የፕላስቲክ ቦርሳ

....

plastična kesa

መጠጦች
napitci

ውሃ

voda

ጭማቂ

sok

ወተት

mleko

ኮካ-ኮላ

kola

ወይን

vino

ቢራ

pivo

አልኮል

alkohol

ኮካ

kakao

ሻይ

čaj

ቡና

kava

የተፈላ ቡና

espresso

ካፑቺኖ

cappuccino

ሙዝ

banana

ፖም

jabuka

ብርቱካን

narandža

ሀብሀብ

lubenica

ሎሚ

limun

ካሮት

šargarepa

ጭ ሽንኩርት

beli luk

ሽምበቆ

bambus

ቀይ ሽንኩርት

luk

እንጉዳይ

gljiva

ለዉዝ

orašasti plodovi

የህፃናት ምግብ

rezanci

ፓስታ

špagete

ሩዝ

riža

ሰላጣ

salata

የድንች ጥብስ

pomfrit

ድንች ጥብስ

pečeni krumpir

ፒዛ

pica

ዳቦ ዉስጥ በስሱ ተጠብሶ የገባ ስጋ

hamburger

ሳንድዊች

sendvič

ጥሬ ስጋ

šnicla

የአሳማ ስጋ

šunka

በቅመምና በጨዉ የታሸ ምግብ ቀዝቅዞ የሚበላ ሾርባ ምግብ

salama

ቋሊማ

kobasica

ዶሮ

kokoš

ጥብስ

pečenje

አሳ

riba

የአጃ ገንፎ
zobene pahuljice

ከወተት ጋር ተደባልቀዉ የሚበሉ ምግቦች
musli

የበቆሎ ቅርፊት
kukuruzne pahuljice

ቄት
brašno

ኩራሳ
kroasan

ድብልብል ዳቦ
pecivo

ዳቦ
hleb

መጥበስ
toast

ብስኩት
keksi

ቅቤ
maslac

እርጎ
sveži sir

ኬክ
kolač

እንቁላል
jaje

እንቁላል ጥብስ
jaje na oko

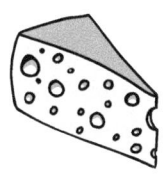

አይብ
sir

ምግብ - jelo

የበረዶ ክሬም

sladoled

ስኳር

šećer

ማር

med

ማርማላት

marmelada

የተናጠ የወተት ክሬም

nugat krema

ማጣፈጫ

kari

26   **ምግብ** - jelo

እርሻ

seosko gazdinstvo

የገበሬ ቤት
seoska kuća
የእህልና የከብት ማቀመጫ ቤት
ambar
የጭድ ክምር
bale sena
ሜዳ
polje
ፈረስ
konj
ተሳቢ መኪና
prikolica
የእርሻ መኪና
traktor
የፈረስ ዉርንጭላ
ždrebe
አህያ
magarac
በግ
ovca
የበግ ጠቦት
lane

ፍየል

koza

ላም

krava

ጥጃ

tele

አሳማ

svinja

ግልገል አሳማ

prase

ኮርማ

bik

ዝይ

....

guska

ዳክዬ

....

patka

የዶሮ ጫጩት

....

pilići

ዶሮ

....

kokoš

አዉራ ዶሮ

....

petao

አይጥ

....

pacov

ደድመት

....

mačka

አይጥ

....

miš

በሬ

....

vol

ዉሻ

....

pas

የዉሻ ቤት

....

kućica za psa

የአትክልት ቦታ

....

vrtno crevo

ዉሃ ማጠጫ ባልዲ

....

kanta za polivanje

ረጅም ማጭድ

....

kosa

ማረሻ

....

plug

ማጭድ

srp

መኮትኮቻ

motika

የእህል መንሽ

viljuška za đubrivo

መጥረቢያ

sekira

ኩርኩር/ የእጅ ጋሪ

tačke

ገንዳ

korito

የወተት ዕቃ

posuda za mleko

ጆንያ ከረጢት

vreća

አጥር

ograda

የፈረስ ጋጣ

štala

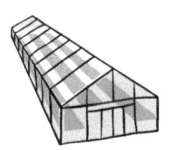

ዕፅዋት ማሳደጊያ የመስታዉት ቤት

staklenik

አፈር

zemlja

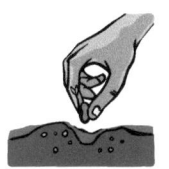

ዘር

seme

የመሬት ማዳበሪያ

đubrivo

ጥምር ማረሻ

kombajn

አዝመራ መሰብሰብ

žeti

አዝመራ

žetva

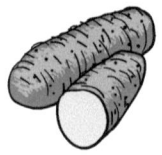

ድንች

jams začin

ስንዴ

pšenica

ሶያ

soja

ድንች

krumpir

በቆሎ

kukuruz

የከብት መኖ

uljana repica

የፍሬ ዛፍ

voćka

የካሳቫ ዛፍ

gomolj manioke

እህል

žitarice

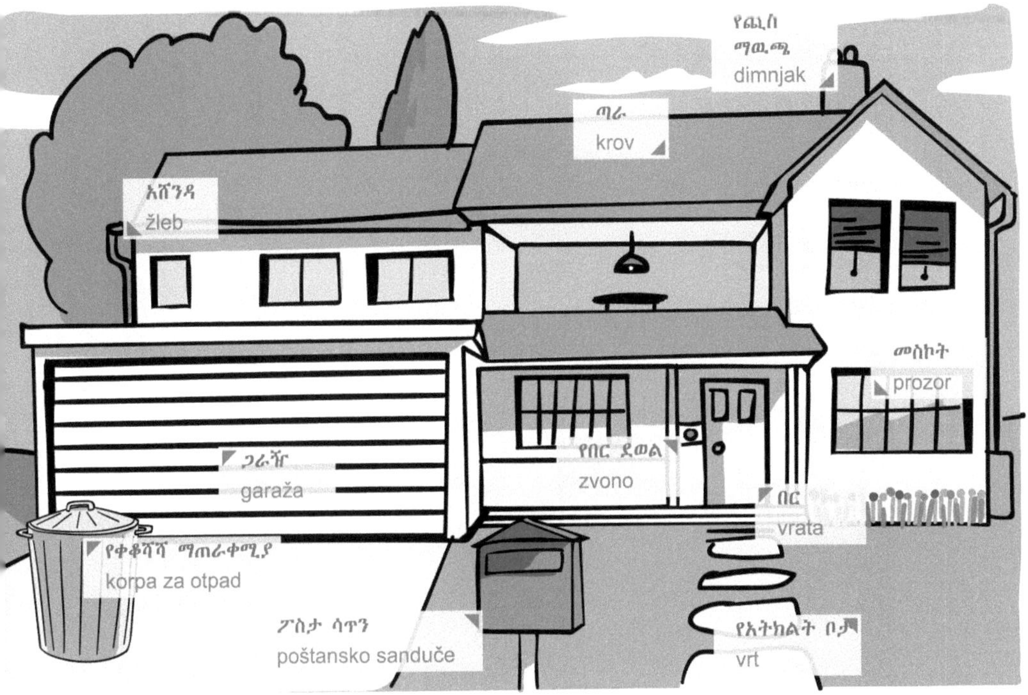

የጪስ ማዉጫ
dimnjak

ጣራ
krov

አሽንዳ
žleb

መስኮት
prozor

ጋራዥ
garaža

የበር ደወል
zvono

በር
vrata

የቀቆሻሻ ማጠራቀሚያ
korpa za otpad

ፖስታ ሳጥን
poštansko sanduče

የአትክልት ቦታ
vrt

ሳሎን
dnevna soba

መታጠቢያ ቤት
kupaonica

ማድቤት
kuhinja

መኝታ ቤት
spavaća soba

የልጅ ክፍል
dečija soba

መመገቢያ ክፍል
trpezarija

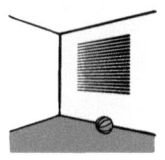

ወለል

pod

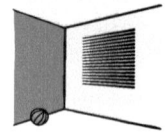

ግድግዳ

zid

ጣሪያ

strop

ምድር ቤት

podrum

በእንፋሎት ሙቀት መታጠቢያ
ቤት

sauna

ሰገነት

balkon

ከፍ ያለ መደብ

terasa

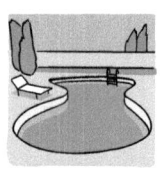

የመዋኛ ገንዳ

bazen

የማጨጃ መኪና

kosilica za travu

አንሶላ

posteljina za krevet

የአልጋ ልብስ

deka za krevet

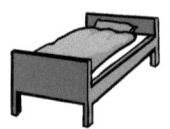

አልጋ

krevet

መጥረጊያ

metla

ባልዲ

kanta

ማብሪያና ማጥፊያ

prekidač

dnevna soba

ድ ዳ ወረቀት
tapeta
ቶ
slika
መ ር ያ
regal
እሳት መሞቂያ
kamin
televizija
መብራት
svetiljka
ቁም ሳጥን፣ ካቢኔ
ormar
አበባ
cvijet
ትራስ
jastuk
ሶፋ
kauč
አበባ ማስቀመጫ
vaza
ሞት ኮንትሮል
daljinski upravljač

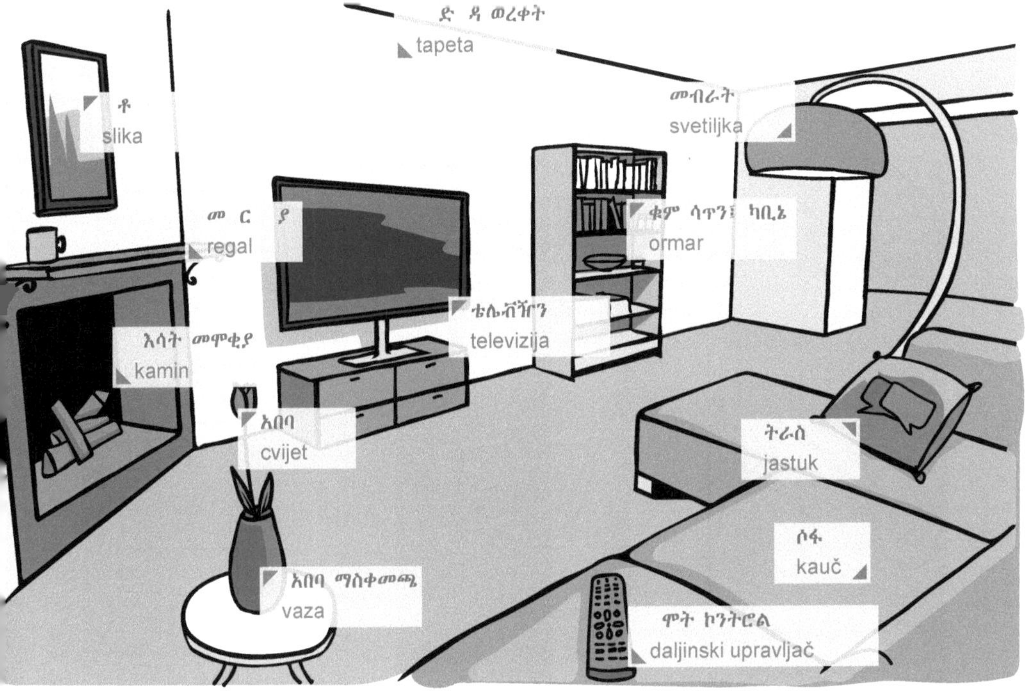

ን ፍ

tepih

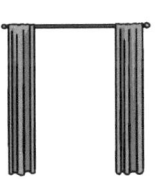

መ ረጃ

zavesa

ጠረጴዛ

sto

ወንበር

stolica

ተወዛዋዥ ወንበር

stolica za njihanje

ባለመ ገፊያ ወንበር

fotelja

መጽሐፍ

knjiga

ብርድ ልብስ

deka

ጌጥ

dekoracija

ማገዶ

drvo za ogrev

ፊልም

film

የሙዚቃ መማጫወቻ

hi-fi uređaj

ቁልፍ

ključ

ጋዜጣ

novine

ስዕል

slika na platnu

የተለጠፈ ማስታወቂያ እንደ ስዕል

poster

ራዲዮ

radio

ማስታወሻ ደብተር

blok za pisanje

የአየር ማፅጃ ለምንጣፍ

usisivač

ቁልቋል

kaktus

ሻማ

sveća

ማድቤት
kuhinja

ማቀዝቀዣ
frižider
ማይክሮዌቭ ምግብ ማብሰያ
mikrotalasna rerna
የኩሽና መመዘኛ ሚዛን
kuhinjska vaga
ዳቦ መጥበሻ
toaster
ንፁህ ማድረጊያ
sredstvo za čišćenje
ምድጃ
rerna
ማቀዝቀዣ
pretinac za zamrzavanje
የቆሻሻ ማጠራቀሚያ
korpa za otpad
እቃ ማጠቢያ
mašina za pranje suđa

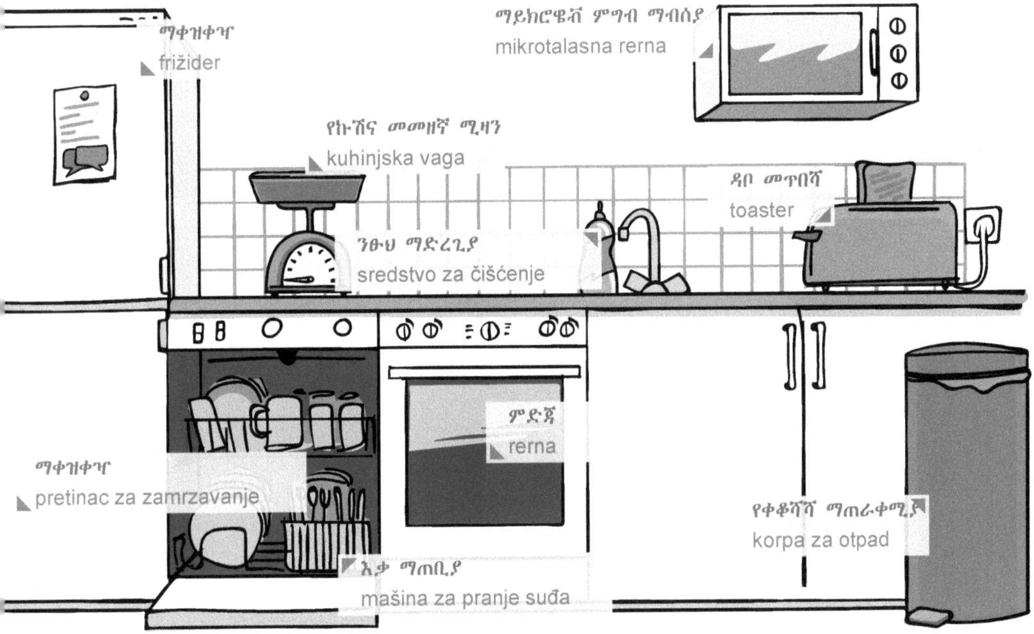

ምግብ አብሳይ

šporet

ማሰሮ

lonac

የብረት ማሰሮ

gvozdeni lonac

ምግብ ማብሰያ ዝርግ ድስት

wok / kadai

የምግብ መጥበሻ

tava

ማንቆርቆሪያ

kuvalo za vodu

የእንፋሎት ማብሰያ

kuvalo na paru

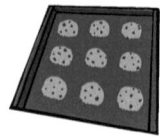

የመጋገሪያ ትሪ

lim za pečenje

ሰብ ቦች

posuđe

ትልቅ ኩባያ

čaša

ጎድጓዳ ሳህን

posuda

ፕ ቲክ

štapići za jelo

ልፋ

kutlača

መሰቅሰቂያ ዝርግ ማንኪያ

lopatica

ማደባለቂያ

penjača

መወጠሪያ

sito za kuvanje

ወንፊት

sito

መፈርፈሪያ መሳሪያ

ribež

ሲሚንቶ

mužar

የፍም ጥብ

roštilj

የተለቀቀ እሳት

ognjište

መክተፊያ
....
daska

ተንሸራታች መርፌ
....
oklagija

የጠርሙስ መክፈቻ
....
vadičep

ጣሳ
....
konzerva

የጣሳ መክፈቻ
....
otvarač konzervi

የማሰሮ መሸፈኛ
....
krpa za lonac

ሳህን ማጠቢያ
....
sudoper

ብሩሽ
....
četka

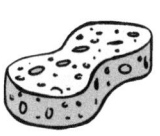

ስፖንጅ
....
sunđer

መደባለቂያ መሳሪያ
....
mikser

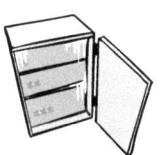

በጣም ማቀዝቀዣ
....
zamrzivač

ጡጦ
....
flašica za bebe

ቧንቧ
....
slavina za vodu

መታጠቢያ ቤት
kupaonica

ማሞቂያ
grejanje
መታጠቢያ
tuš
ፎጣ
peškir
የመታጠቢያ ቤት መጋረጃ
zavesa za tuš
የአረፋ መታጠቢያ
penušava kupka
የመታጠቢያ ገንዳ
kada
ብርጭቆ
čaša
የልብስ ማጠቢያ
mašina za pranje veša
slavina za vodu
ማዕዘን ወለል
pločice
tuta
ሳህን ማጠቢያ
sudoper

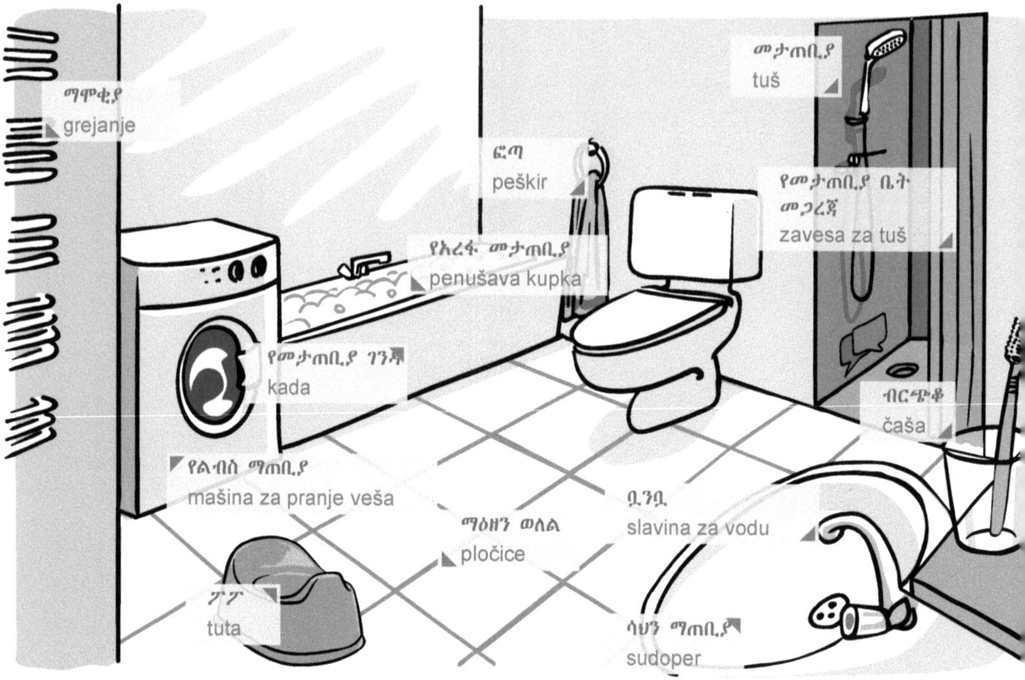

ሽንት ቤት

toalet

የሽንት ቤት መቀመጫ

čučavac

ሳፋ

bidet

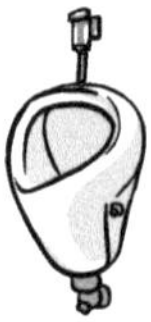

የመንገድ ዳር መሽኛ

pisoar

የሽንት ቤት ወረቀት

toaletni papir

የሽንት ቤት ማፅጃ ብሩሽ

četka za toalet

የጥርስ ብሩሽ

četkica za zube

የጥርስ ሳሙና

pasta za zube

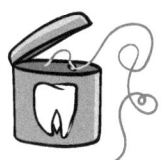

የጥርስ ማፅጃ ክር

konac za zube

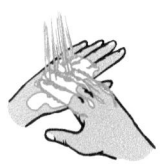

መታጠብ

prati

የእጅ መታጠቢያ

tuš ručica

መታጠቢያ

tuš za pranje intimnih delova

ጎድጓዳ ሳህን

lavor

የጀርባ ብሩሽ

četka za pranje leđa

ሳሙና

sapun

የመታጠቢያ የሚዝለገለግ ሳሙና

gel za tuširanje

የፀጉር መታጠቢያ ሳሙና

šampon

ለስላሳ ጨርቅ

krpa za pranje

ፍሳሽ

odvod

ክሬም

krema

ጠረን መቀየሪያ ንጥረ ነገር

dezodorans

መስታወት

ogledalo

የእጅ መስታወት

kozmetičko ogledalo

ምላጭ

brijač

የመላጫ አረፋ

pena za brijanje

ከመላጨት በኋላ የሚቀባ ሽቱ

losion za posle brijanja

ማበጠሪያ

češalj

ብሩሽ

četka

የፀጉር ማድረቂያ

fen za kosu

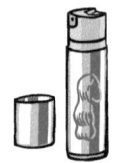

በፀጉር ላይ የሚነፋ

sprej za kosu

የፊት መቀባቢያ

makeup

የከንፈር ቀለም

ruž za usne

የጥፍር ቀለም

lak za nokte

የጥጥ ሱፍ

vata

ጥፍር መቁረጫ

makaze za nokte

ሽቶ

parfem

ማጠቢያ ባልዲ

kozmetička torbica

መቀመጫ

stolica

ሚዛን

vaga

የመታጠቢያ ልብስ

ogrtač

የላስቲክ ጓንት

rukavice za čišćenje

ሞዴስ

tampon

የፅዳት ፎጣ

uložak

የሽንት ቤት ኬሚካል

hemijski toalet

የልጅ ክፍል

dečija soba

የማንቂያ ደዉል ሰዐት
budilnik
የህፃን ሻንጉሊት
plišana igračka
የመጫወቻ መኪና
auto igračka
ማንገጫገጫ
መጫወቻ
zvečka
የ ሻንጉሊት ቤት
kućica za lutke
ስጦታ
poklon

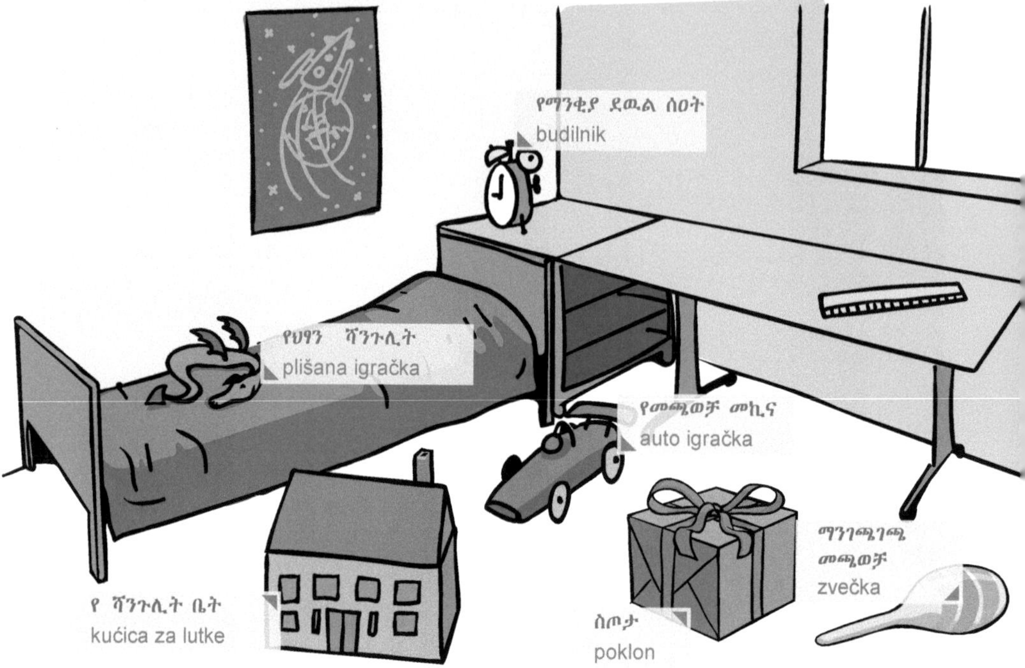

ኛ

balon

ልጋ

krevet

የህፃን ማንሸራሸሪያ ጋሪ

dječija kolica

የካርታ መጫወቻ

igra s kartama

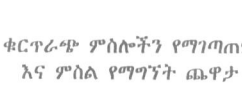

ቁርጥራጭ ምስሎችን የማገጣጠም
እና ምስል የማግኘት ጨዋታ

slagalica

ዝናኝ

strip

ገጣጣሚ መጫወቻ

lego kockice

የመጫወቻ መገጣጠሚያዎች

kockice za slaganje

የድርጊት ምስል

akcioni junak

የህፃን እድገት

benkica za bebe

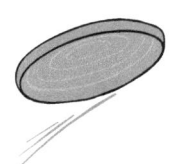

የ ላስቲክ መጫወቻ ዝርግ ሰሀን

frizbi

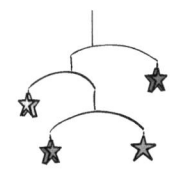

ወዛዋዥ የህፃን ማጫወቻ

viseće igračke

የሰሌዳ ጨዋታ

društvene igre

የመጫወቻ ጠጠር

kocka

የመጫወቻ ባቡር

minijaturna željeznica

የእን ራ እናት ጡጦ

duda

ድግስ

zabava

የስዕል መፅሀፍ

slikovnica

ኳስ

lopta

አሻንጉሊት

lutka

መጫወት

igrati

የአሸዋ መጫወቻ

pješčanik

ዥዋዥዌ

ljuljačka

መጫወቻዎች

igračka

የቪዲዮ መጫወቻ

konzola za igre

ባለ ሶስት ጎማ ብስክሌት

tricikl

የአሻንጉሊት ድብ

tedi

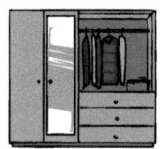

ቁምሳጥን

ormar

አልባሳት

odeća

ካልሲዎች

kratke čarape

ስቶኪንጎች

čarape

ታይት

hulahopke

የአንገት ልብ
šal
ንጥላ
kišobran
ከናቴራ
majica
ቀበቶ
kaiš
ቦቲ
čizme
የቤት ዉ ጥ ነጠላ ጫማ
papuče
patike

ነጠላ ጫማዎች

sandale

ጫማዎች

cipele

የዝናብ ቡት

gumene čizme

ታንታ

gaćice

ጡት መያ

grudnjak

ሰደርያ

potkošulja

ሰዉነት

bodi

ሱሪዎች

pantalone

ጅንስ

farmerke

ጉርድ ቀሚስ

suknja

ሸሚዝ

bluza

ሸሚዝ

košulja

የሚጠለቅ ሹራብ

džemper

ሹራብ

džemper s kapuljačom

ዩኒፎርም ጃኬት

sako

ጃኬት

jakna

ኮት

kaput

የዝናብ ኮት

kabanica

ልብስ

kostim

ቀሚስ

haljina

የሙሽራ ቀሚስ

venčanica

ሱፍ

odelo

የለሊት ልብስ

spavaćica

የለሊት ልብስ

pidžama

ረጅም ቀሚስ

sari

ሂጃብ

marama za glavu

ጥምጣም

turban

ቡርቃ

burka

ሸርጥ

kaftan

አባያ

abaja

የዋና ልብስ

kupaći kostim

አጭር ቁምጣ

kupaće gaćice

ቁምጣዎች

kratke pantalone

የስራ ቱታ

odeća za trening

ሸርጥ

kecelja

ጓንት

rukavice

ቁልፍ

dugme

መነፅር

naočare

አምባር

narukvica

የአንገት ሀብል

ogrlica

ቀለበት

prsten

የጆሮ ጌጥ

naušnica

ኮፍያ

kapa

የኮት መስቀያ

vešalica

ኮፍያ

šešir

ከረቫት

kravata

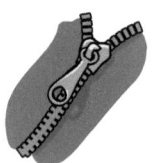

ዚፕ

patent zatvarač

የብረት ቆብ

kaciga

መደገፊያ

naramenice

የትምህርት ቤት የደንብ ልብስ

školska uniforma

የደንብ ልብስ

uniforma

መሃረብ
podbradak

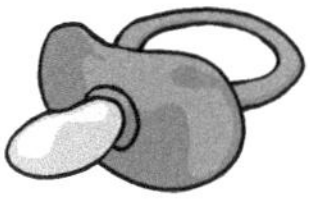

የእንጀራ እናት ጡጦ
duda

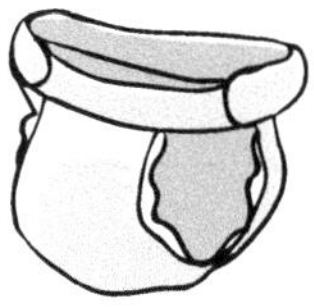

ሽንት ጨርቅ
pelena

ቢሮ
kancelarija

ማስራጫ ጣቢያ
server
የፋይል መደርደሪያ ካቢኔ
ormar za spise
የህትመት መሳሪያ
štampač
ወረቀት
papir
መቆጣጠሪያ
monitor
miš
መፃፊያ ጠረጴዛ
pisaći stol
ማህደር
mapa
የመፃፊ ቁልፎች
tastatura
ወንበር
stolica
የቆሻሻ ወረቀት መጣያ ቅርጫት
košara za papir
ኮምፒዉተር
kompjuter

የቡና መጠጫ ትልቅ ኩባያ
šalica za kavu

ማስልያ ማሽን
kalkulator

ኢንተርኔት
internet

ላፕቶፕ

laptop

ደብዳቤ

pismo

መልዕክት

poruka

ተንቀሳቃሽ ስልክ

mobilni telefon

የግንኙነት አውታር

mreža

ማባዣ ማሽን

uređaj za kopiranje

ሶፍትዌር

softver

ስልክ

telefon

የግድግዳ ሶኬት

utičnica

የፋክስ ማሽን

faks

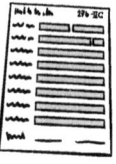

ቅፅ

formular

ሰነድ

dokument

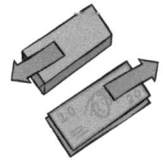

መግዛት

kupovati

መክፈል

platiti

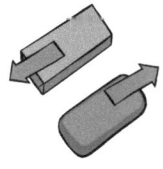

መነገድ

trgovati

ገንዘብ

novac

USD

ዶላር

dolar

EUR

ዩሮ

evro

JPY

የን

jen

RUB

ሩብል

rublja

CHF

የስዊዝ ፍራንክ

švajcarski franak

CNY

ሬንሚንቢ ዩዋን

renmindbi juan

ሩጲ

rupija

የገንዘብ ነጥብ

automat za novac

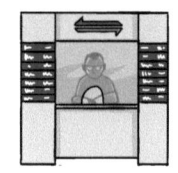

የዉጭ ገንዘብ ምንዛሪ ቢሮ

menjačnica

ወርቅ

zlato

ብር

srebro

ዘይት

nafta

ሀይል፤ ጉልበት

energija

ዋጋ

cena

ግንኙነት

ugovor

ቀረጥ

porez

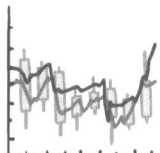

አክስዮን

deonica

መስራት

raditi

ተቀጣሪ

službenik

ቀጣሪ

poslodavac

ፋብሪካ

fabrika

ሱቅ

prodavnica

የስራ ሙያዎች
zanimanja

የፖሊስ አዛዥ
policajac
የእሳት አደጋ ሰራተኛ
vatrogasac
ምግብ አብሳይ
kuvar
ዶክተር
lekar
አብራሪ
pilot

አትክልተኛ

vrtlar

አናጢ

stolar

ልብስ ሰፊ ሴት

krojačica

ዳኛ

sudija

ቀማሚ

hemičar

ተዋናይ

glumac

የአዉቶቢስ ሹፌር

vozač autobusa

የታክሲ ሹፌር

vozač taksija

አሳ አጥማጅ

ribar

ፅዳት ሰራተኛ

čistačica

የጣራ ሰራተኛ

krovopokrivač

አስተናጋጅ

konobar

አዳኝ

lovac

ሰዓሊ

slikar

ጋጋሪ

pekar

የኤሌትሪክ ሰራተኛ

električar

ገምቢ

građevinski radnik

መሃዲስ

inženjer

ልኳንዳ

mesar

የቧንቧ ሰራተኛ

limar

የፖስታ ሰራተኛ

poštar

ወታደር
....
vojnik

መሃንዲስ
....
arhitekta

የሒሳብ ሰራተኛ
....
blagajnik

አበባ ሻጭ
....
cvećar

የፀጉር ሰራተኛ
....
frizer

ቲኬት ቆራጭ
....
kondukter

መካኒክ
....
mehaničar

ካፒቴን
....
kapetan

የጥርስ ሐኪም
....
zubar

ተመራማሪ
....
naučnik

መምህር
....
rabi

የሙስሊም ሃይማኖታዊ መሪ
....
imam

መነኩሴ
....
monah

ካህን
....
svećenik

መሳሪያዎች

alati

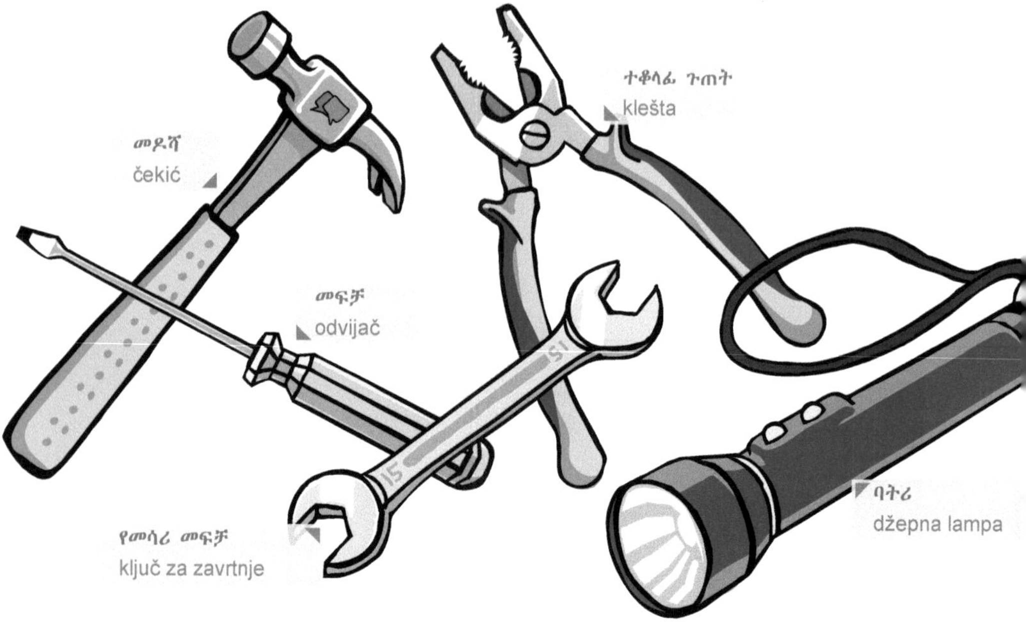

መዶሻ
čekić
ተቆላፊ ጉጠት
klešta
መፍቻ
odvijač
የመሳሪ መፍቻ
ključ za zavrtnje
ባትሪ
džepna lampa

በቁፋሮ የሚዝቅ

bager

የመፍቻ ሳጥን

kutija za alat

መሰላል

merdevine

መጋዝ

pila

ምስማር

ekser

መሰርሰሪያ

bušilica

መጠገን

popraviti

አካፋ

lopata

የተረገመ!

do đavola!

ቆሻሻ ማፈሻ

lopatica

የቀለም ቆርቆሮ

lonac za boju

ብሎን

zavrtanji

የሙዚቃ መሳሪያዎች

muzički instrument

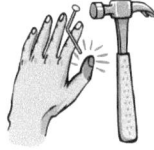

የድምፅ ማጉያ መሳርያ
zvučnik
የከበሮ መሳሪያዎች
bubnjevi
ክራር መሰል የሙዚቃ መሳሪያ
gitara
ድርብ ቤዝ ጊታር
kontrabas
የትንፋሽ ሙዚቃ መሳሪያ
truba

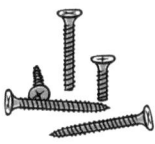

ፒያኖ
klavir

ቫዮሊን
violina

ወፍራም፣ ጎርናና ድምፅ ያለዉ
ክራር መሰል ሙዚቃ መሳሪያ
bas

ነጋሪት
timpani

ከበሮ
udaraljke za bubnjeve

በኤሌክትሪክ የሚሰራ ፒኖ
tipke klavira

የትንፋሽ ሙዚቃ መሳሪያ
saksofon

ዋሽንት
flauta

የድምፅ ማጉያ
mikrofon

የደር እንስሳት ማቆያ

zoološki vrt

ነብር
tigar
መግቢያ
ulaz
ሳጥን
kavez
የሜዳ አህያ
zebra
የእንስሳ ምግብ
hrana za životinje
ትልቅ ድብ
panda

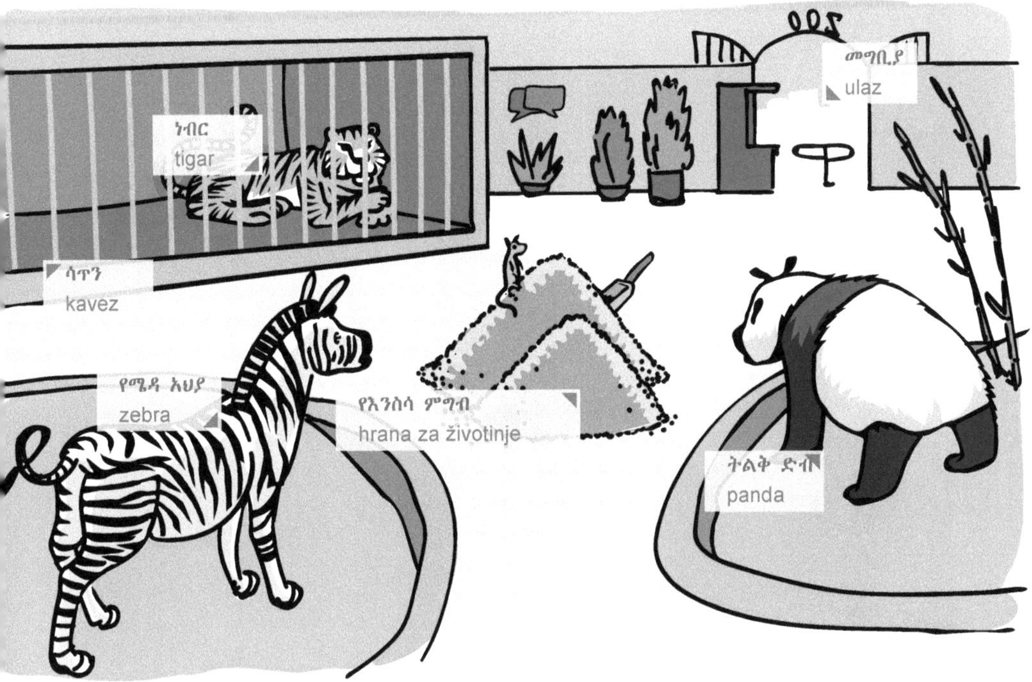

እንስሳቶች

životinje

ዝሆን

slon

ካንጋሮ

kengur

አዉራሪስ

nosorog

ትልቅ ዝንጀሮ

gorila

ድብ

medved

ግመል

kamila

ሰጎን

noj

አንበሳ

lav

ጦጣ

majmun

ቅልጥመ ረዥም ወፍ

flamingo

በቀቀን

papagaj

ወዋልታ ድብ

polarni medved

ዋልታ ወፎች

pingvin

ረጅም ጥርሶች ያሉትአሳ ነባሪ

ajkula

ጣዎስ

paun

እባብ

zmija

አዞ

krokodil

ዱር አራዊት ሚጠበቁበት ማቆያን ሚጠብቅ

čuvar u zoološkom vrtu

አሳ በሊታ ባህር እንስሳ

tuljan

ዱር ድመት

jaguar

ድንክ ፈረስ

poni

ነብር

leopard

ጉማሬ

nilski konj

ቀጭኔ

žirafa

ንስር

orao

ከርከሮ

divlja svinja

አሳ

riba

የባህር ኤሊ

kornjača

የባህር አዉሬ

morž

ቀበሮ

lisica

የሜዳ ፍየል፣ ሚዳቋ

gazela

የስፖርት አይነቶች

sport

የአሜሪካ እግርኳስ
američki nogomet
የብስክሌት ስፖርት
biciklizam
ቴኒስ
tenis
የቅርጫት ኳስ
košarka
ዋና
plivanje
የቡጢ ስፖርት
boks
የበረዶ ላይ የገና ጨዋታ
hokej na ledu

እግር ኳስ

fudbal

የላበ ኳስ ጨዋታ

badminton

አትሌቲክስ

atletika

የእጅ ኳስ ስፖርት

rukomet

የበረዶ መንሸራተት ስፖርት

skijanje

ፈረስ ግልቢያ

polo

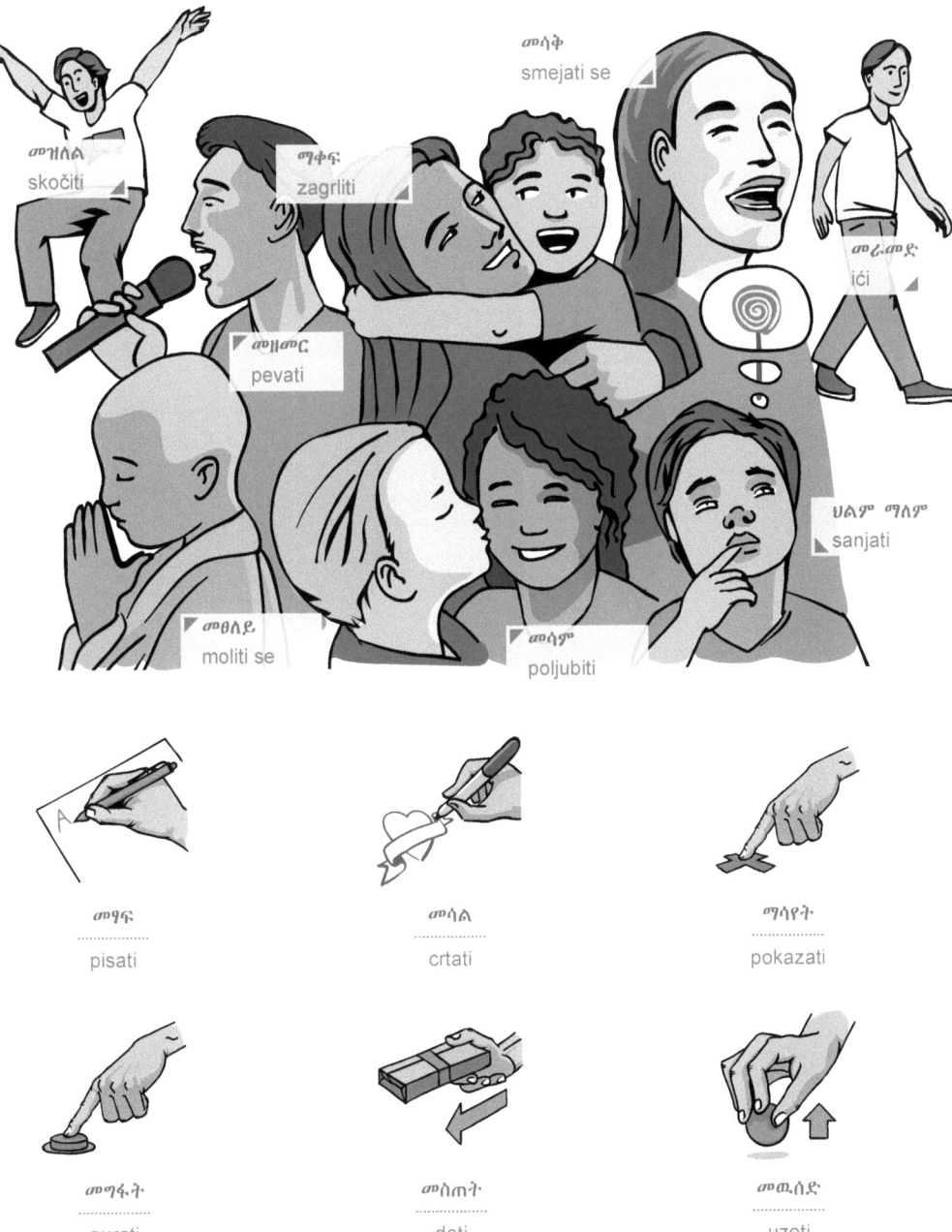

እንቅስቃሴዎች

aktivnosti

መሳቅ
smejati se
መዝለል
skočiti
ማቀፍ
zagrliti
መራመድ
ići
መዘመር
pevati
ህልም ማለም
sanjati
moliti se
መሳም
poljubiti

መፃፍ

pisati

መሳል

crtati

ማሳየት

pokazati

መግፋት

gurati

መስጠት

dati

መዉሰድ

uzeti

መያዝ

imati

ማድረግ

činiti

መሆን

biti

መቆም

stojati

መሮጥ

trčati

መሳብ

povlačiti

መወርወር

baciti

መዉደቅ

padati

መዋሸት

ležati

መጠበቅ

čekati

መሸከም

nositi

መቀመጥ

sediti

መልበስ

oblačiti

መተኛት

spavati

መንቃት

probuditi se

መመልከት
....
gledati

ማለልቀስ
....
plakati

መጫር
....
milovati

ማበጠር
....
češljati

ማዉራት
....
govoriti

መረዳት
....
razumeti

ጥያቄ
....
pitati

ማዳመጥ
....
slušati

መጠጣት
....
piti

መብላት
....
jesti

ማንፃት
....
pospremiti

ማፍቀር
....
voleti

ምግብ ማብሰል
....
kuhati

መንዳት
....
voziti

መብረር
....
leteti

መርከብ መንዳት
....
ploviti

ቁጥሮችን ማስላት
....
računati

ማንበብ
....
čitati

መማር
....
učiti

መስራት
....
raditi

ማግባት
....
venčati se

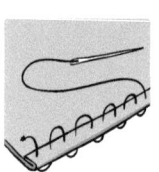

መስፋት
....
šiti

ጥርስ መቦረሽ
....
prati zube

መግደል
....
ubiti

ማጨስ
....
pušiti

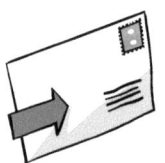

መላክ
....
poslati

የሴት አያት
baka
የወንድ አያት
deda
አባት
otac
እናት
majka
ህፃን
beba
ሴት ልጅ
kćerka
ወንድ ልጅ
sin

እንግዳ

gost

አክስት

tetka

አጎት

ujak, stric

ወንድም

brat

እህት

sestra

አካል

telo

ግንባር
čelo
አይን
oko
ትከሻ
rame
ጣት
prst
lice
አገጭ
brada
እጅ
ruka
ጡት
grudi
እግር
noga
ክንድ
ruka

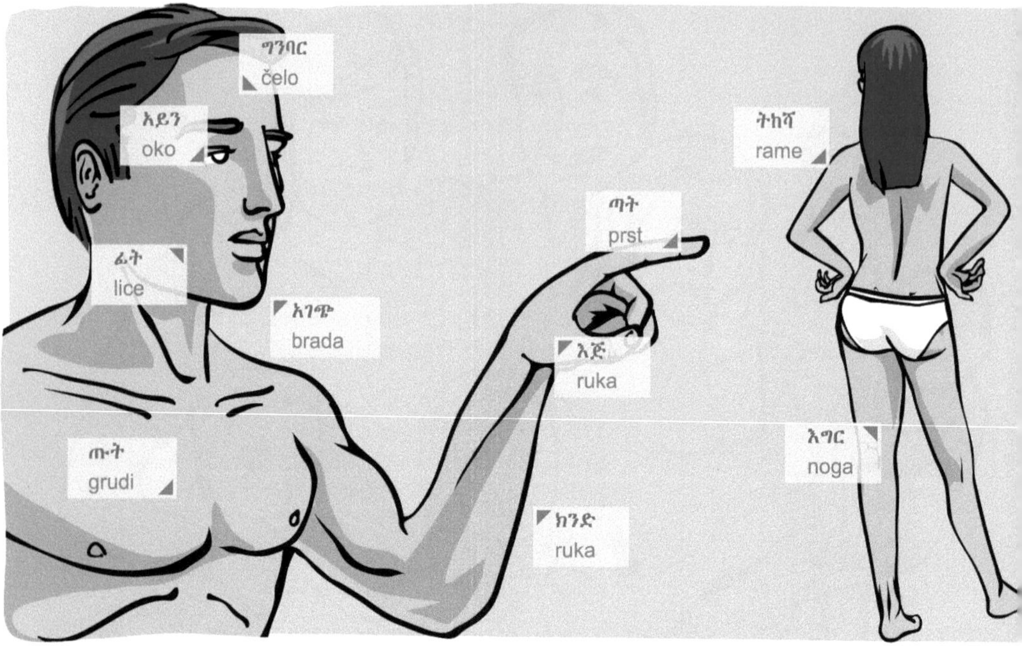

ህፃን

beba

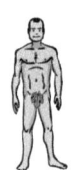

ሰዉ

muškarac

ሴት

žena

ልጃገረድ

devojčica

ወንድ ልጅ

dečak

ራስ

glava

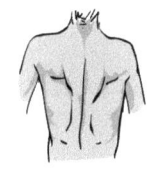

ጀርባ
leđa

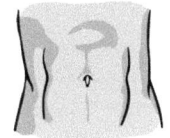

ሆድ
stomak

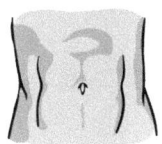

እምብርት
pupak

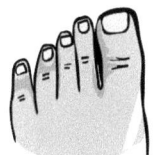

የእግር ጣት
nožni prst

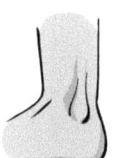

ተረከዝ
peta

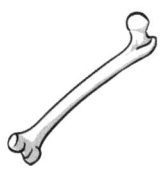

አጥንት
kost

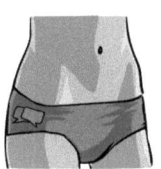

ዳሌ
kukovi

ጉልበት
koleno

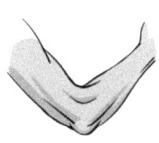

ክርን
lakat

አፍንጫ
nos

ቂጥ
zadnjica

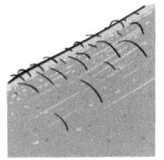

ቆዳ
koža

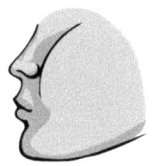

ጉንጭ
obraz

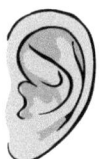

ጆሮ
uvo

ከንፈር
usna

አፍ

usta

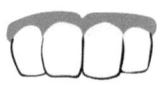

ጥርስ

zub

ምላስ

jezik

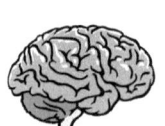

አንጎል

mozak

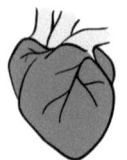

ልብ

srce

ጡንቻ

mišić

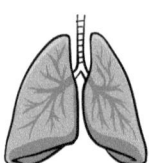

ሳምባ

pluća

ጉበት

jetra

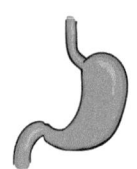

ሆድ

želudac

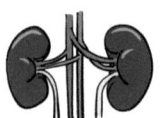

ኩላሊቶች

bubrezi

የግብረስጋ ግንኙነት

polni odnos

ኮንዶም

kondom

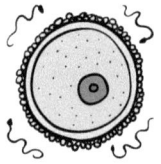

የሴት እንቁላል

jajna ćelija

የዘር ፈሳሽ

sperma

እርግዝና

trudnoća

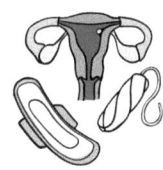

የወር አበባ

menstruacija

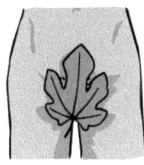

እምስ

vagina

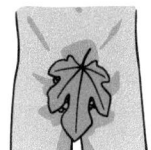

ቁላ

penis

ቅንድብ

obrva

ፀጉር

kosa

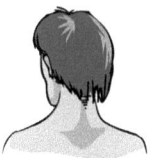

አንገት

vrat

አካል - telo

ሆስፒታል

bolnica

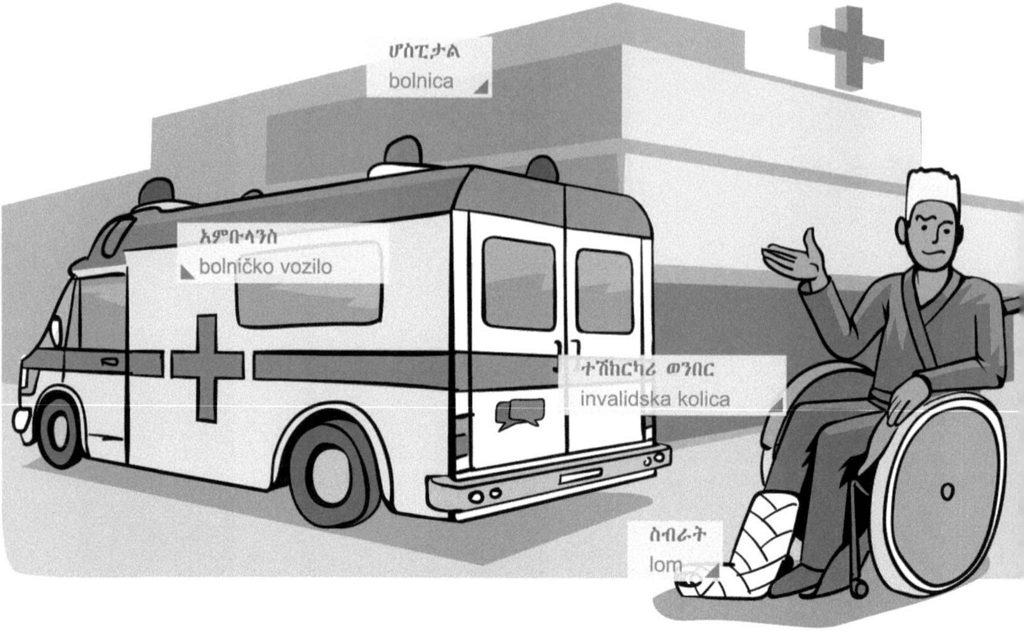

bolnica
አምቡላንስ
bolničko vozilo
ተሽከርካሪ ወንበር
invalidska kolica
ስብራት
lom

ዶክተር

lekar

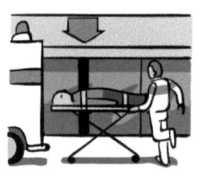

ድንገተኛ ክፍል

hitna medicinska služba

ነርስ

medicinska sestra

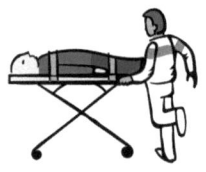

ድንገተኛ

hitni slučaj

ራስን መሳት/ አለማወቅ

nesvest

ህመም

bol

ጉዳት

povreda

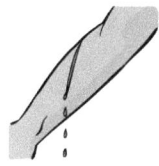

መድማት

krvarenje

የልብ ድካም

srčani udar

ስትሮክ

udar

አለርጂ

alergija

ሳል

kašalj

ትኩሳት

groznica

ኢንፍሎዌንዛ

gripa

ተቅማጥ

proliv

የራስ ምታት

glavobolja

ካንሰር

rak

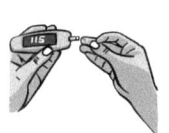

የስኳር በሽታ

dijabetes

ቀዶ ጠጋኝ ሐኪም

hirurg

የቀዶ ጥገና ስለት

skalpel

ቀዶ ጥገና

operacija

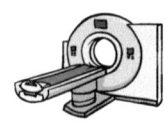

ሲቲ

ct

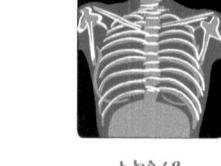

ኤክስሬዮ

rentgen

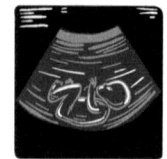

ልትራሳዉንድ

ultrazvuk

የፊት ጭምብል

maska

በሽታ

bolest

መጠበቂያ ክፍል

čekaona

ም ኩዝ

štaka

የቁስል ማሸጊያ

flaster

ሻ

zavoj

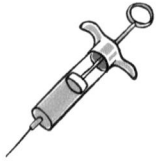

መ ፌ

injekcija

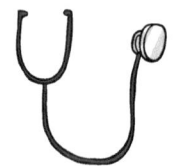

የልብ ምት ማ መጫ መሳሪያ

stetoskop

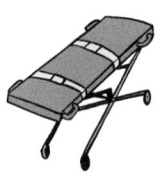

የበሽተኛ ልጋ

nosila

የህክምና ሙቀት መለኪያ መሳሪያ

termometar

መውለድ

rođenje

ክልክ ያለፈ ክብደት

prekomerna težina

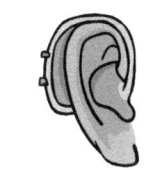

ለመስማት የሚረዳ መሳሪያ

....

slušni aparat

ፀረ ተባይ መድሀኒት

....

sredstvo za dezinfekciju

ማመርቀዝ

....

infekcija

ቫይረስ

....

virus

ኤች አይቪ ኤድስ

....

HIV / AIDS

ክምና

....

medicina

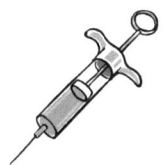

ክትባት

....

vakcinacija

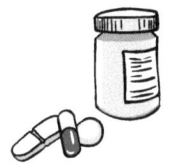

ኒን

....

tablete

ኒን

....

pilula

አስ ኳይ የስልክ ጥሪ

....

hitni poziv

ም ግፊት መቆጣጠሪያ

....

uređaj za merenje pritiska

መም/ ጤንነት

....

bolesno / zdravo

ድንገተኛ

hitni slučaj

እርዳታ!

pomoć!

ማንቂያ ደዉል

alarm

ጥቃት

nasrtaj

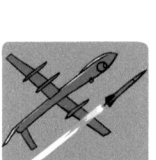

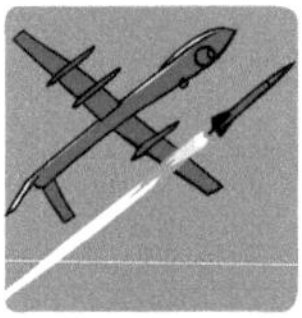

ድብደባ

napad

አደጋ

opasnost

የድንገተኛ መዉጫ

izlaz u slučaju nužde

እሳት!

požar!

እሳት ማጥፊያ

protivpožarni aparat

አደጋ

nezgoda

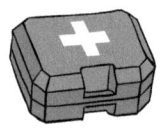

የመጀመሪያ እርዳታ መድሃኒት መያዣ

kutija prve pomoći

ነፍስ አድን

sos

ፖሊስ

policija

አዉሮፓ

Evropa

ሰሜን አሜሪካ

Severna Amerika

ደቡብ አሜሪካ

Južna Amerika

አፍሪካ

Afrika

እስያ

Azija

አዉስትራሊያ

Australija

አትላንቲክ

Atlantik

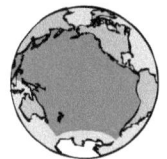

ፓስፊክ

Pacifik

የህንድ ዉቅያኖስ

Indijski okean

አንታርክቲክ ዉቅያኖስ

Antarktički okean

አርክቲክ ዉቅያኖስ

Arktički ocean

ሰሜን ዋልታ

Severni pol

ደቡብ ዋልታ

Južni pol

አንታርክቲካ

Antarktik

ምድር

zemlja

መሬት

zemlja

ባህር

more

ደሴት

otok

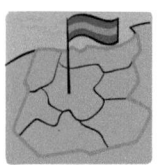

አገርና ህዝብ

nacija

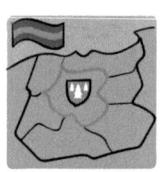

መንግስት

država

የሰዓት ገፅታ

brojčanik sata

ሰዓት

satna kazaljka

ደቂቃ

minutna kazaljka

ሴኮንድ

sekundna kazaljka

ስንት ሰዓት ነው?

Koliko je sati?

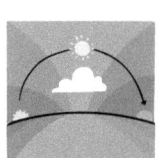

ቀን

dan

ጊዜ

vreme

አሁን

sada

የቁጥር ሰዐት

digitalni sat

ደቂቃ

minuta

ሰዓታት

čas

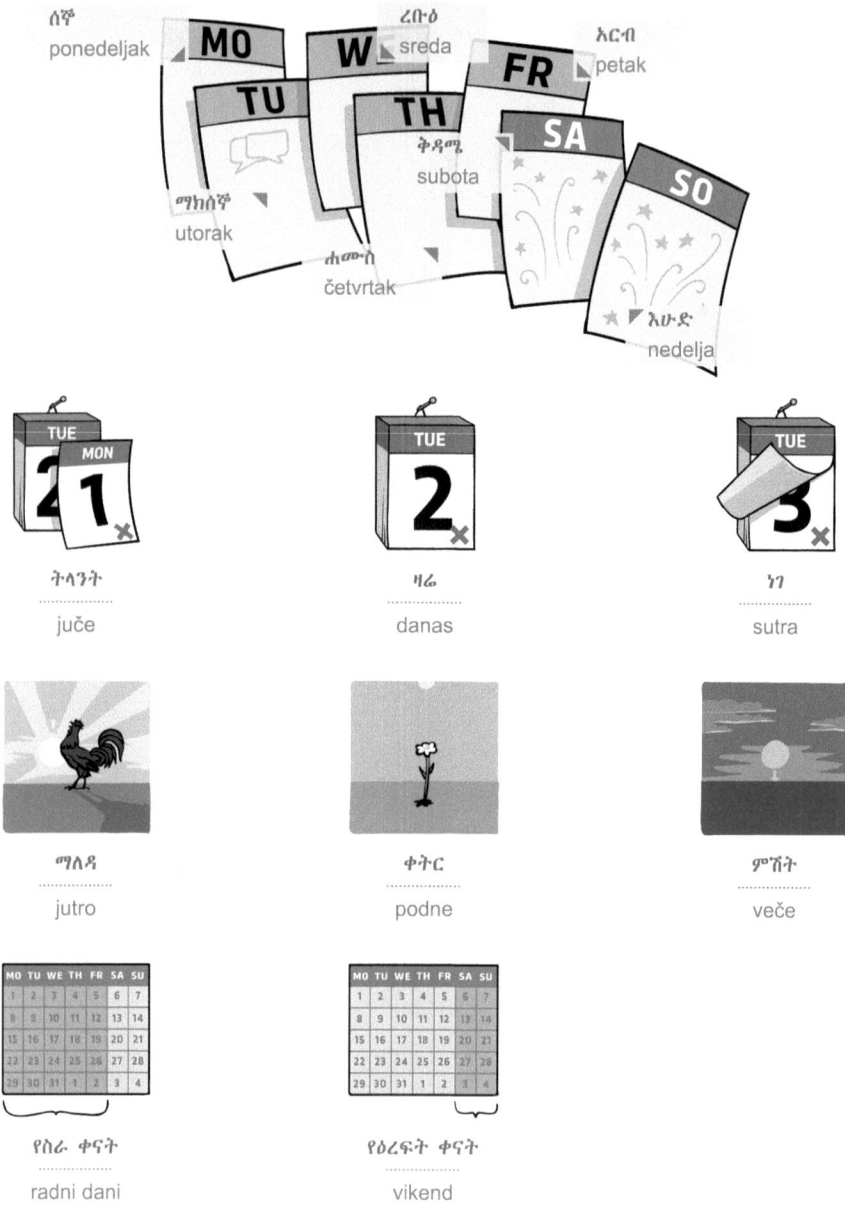

ሳምንት

sedmica

MO
TU
W
TH
FR
SA
SO
ሰኞ
ponedeljak
ማክሰኞ
utorak
ረቡዕ
sreda
ሐሙስ
četvrtak
አርብ
petak
ቅዳሜ
subota
እሁድ
nedelja

ትላንት

....

juče

ዛሬ

....

danas

ነገ

....

sutra

ማለዳ

....

jutro

ቀትር

....

podne

ምሽት

....

veče

የስራ ቀናት

....

radni dani

የዕረፍት ቀናት

....

vikend

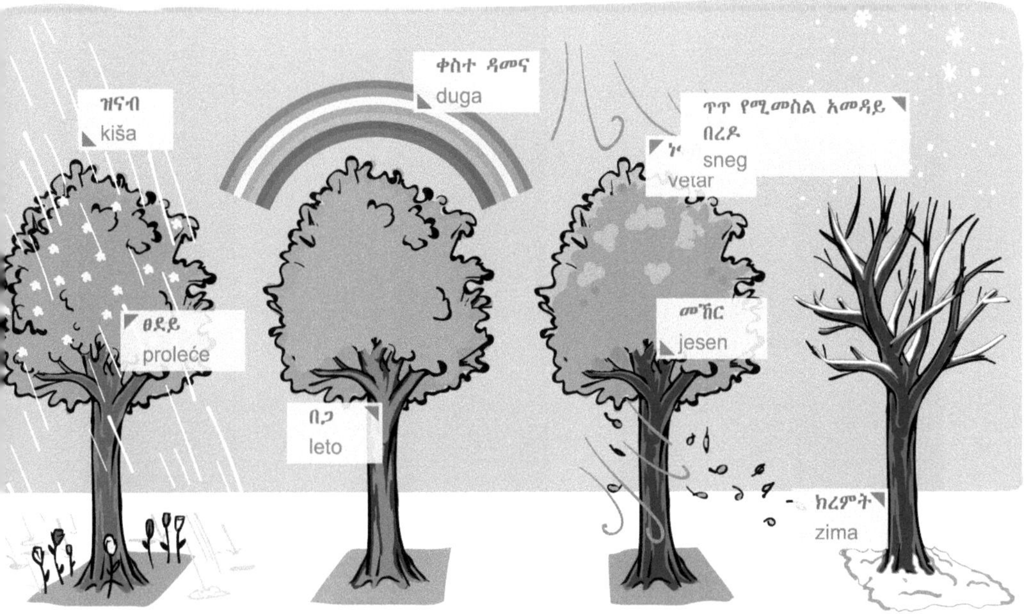

ዝናብ
kiša
ቀስተ ዳመና
duga
ጥጥ የሚመስል አመዳይ
በረዶ
sneg
ነ
vetar
ፀደይ
proleće
በጋ
leto
መኸር
jesen
ክረምት
zima

4.APRIL 11°
5.APRIL 4°
6.APRIL 13°
7.APRIL 8°
8.APRIL 10°

የአየር ሁኔታ ትንበያ

meteorološka prognoza

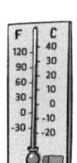

C
0
10
0
-10

የሙቀት መለኪያ

termometar

የፀሀይ ሙቀት

sunčana svetlost

ደመና

oblak

ጭጋግ

magla

እርጥበታማነት

vlažnost vazduha

መብረቅ

munja

ነጎድጓድ

grmljavina

አዉሎ ንፋስ

oluja

የበረዶ ዝናብ

tuča

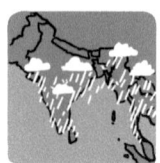

አዉሎ ንፋስ

monsun

ጎርፍ

poplava

በረዶ

led

ጥር

januar

የካቲት

februar

መጋቢት

mart

ሚያዚያ

april

ግንቦት

maj

ሰኔ

juni

ሐምሌ

juli

ነሀሴ

avgust

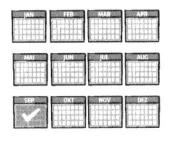

መስከረም

septembar

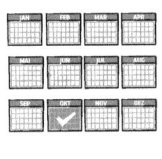

ጥቅምት

oktobar

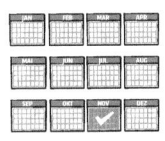

ህዳር

novembar

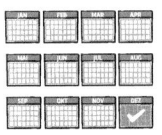

ታህሳስ

decembar

ቅርፆች

oblici

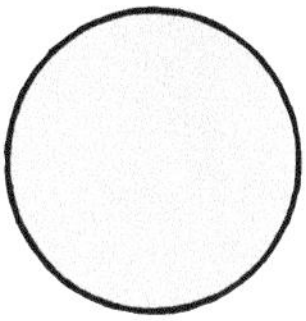

ክብ

krug

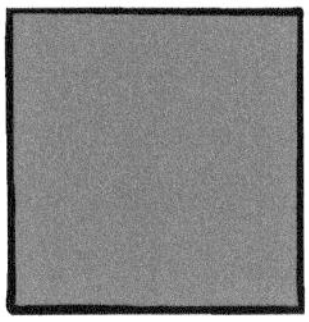

አራት ማዕዘን

kvadrat

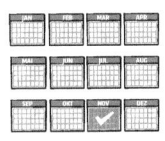

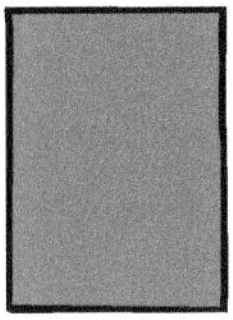

አራት ቀጥተኛ ማዕዘኖች ጎኖች ያሉት ቅርፅ

pravougao

ሶስት ማዕዘን

trougao

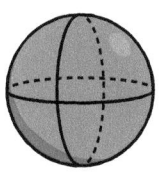

ሉል

kugla

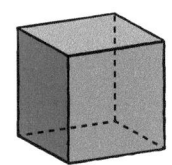

ስድስት ጎን ያለዉ ቅርፅ

kocka

ቀለማት

boje

ነጭ
bela

ቢጫ
žuta

ብርቱካናማ
narandžasta

ሮዝ
ružičasta

ቀይ
crvena

ወይን ጠጅ
ljubičasta

ሰማያዊ
plava

አረንጓዴ
zelena

ቡኒ
smeđa

ግራጫ
siva

ጥቁር
crna

ተቃራኒዎች
suprotnosti

ብዙ/ ጥቂት

....

mnogo / malo

ንዴት/ እርጋታ

....

ljutito / mirno

ቆንጆ/ አስቀያሚ

....

lepo / ružno

ጅማሬ/ ፍፃሜ

....

početak / kraj

ትልቅ/ ትንሽ

....

veliko / maleno

ደማቅ/ ደብዛዛ

....

svetlo / tamno

ወንድም/ እህት

....

brat / sestra

ንፁህ/ ቆሻሻ

....

čisto / prljavo

የተሟላ/ ያልተሟላ

....

potpuno / nepotpuno

ቀን/ ምሽት

....

dan / noć

የሞተ/ ህያዉ

....

mrtvo / živo

ሰፊ/ ጠባብ

....

široko / usko

የሚበላ/ የማይበላ

jestivo / nejestivo

ክፉ/ ደግ

zlo / dobro

ደስተኛ/ ድብርተኛ

uzbuđeno / dosadno

ወፍራም/ ቀጭን

debelo / mršavo

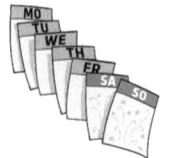

መጀመርያ/ መጨረሻ

na početku / na kraju

ጓደኛ/ ጠላት

prijatelj / neprijatelj

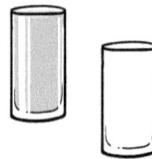

ሙሉ/ ጎዶሎ

puno / prazno

ጠንካራ/ ለስላሳ

tvrdo / mekano

ከባድ/ ቀላል

teško / lagano

ረሃብ/ ጥማት

glad / žeđ

ህመም/ ጤንነት

bolesno / zdravo

ህገወጥ/ ህጋዊ

ilegalno / legalno

ጎበዝ/ ደደብ

pametno / glupo

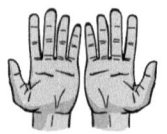

ግራ/ ቀኝ

levo / desno

ቅርብ/ ሩቅ

blizu / daleko

አዲስ/ አሮጌ

novo / polovno

ምንም/ የሆነ ነገር

ništa / nešto

ሽማግሌ/ ወጣት

staro / mlado

የበራ/ የጠፋ

uključeno / isključeno

ክፍት/ ዝግ

otvoreno / zatvoreno

ፀጥታ/ ጫጫታ

tiho / glasno

ሃብታም/ ደሃ

bogato / siromašno

ትክክለኛ/ የተሳሳተ

tačno / pogrešno

ሻካራ/ ለስላሳ

hrapavo / glatko

ሐዘን/ ደስታ

tužno / sretno

አጭር/ ረዥም

kratko / dugo

ዝግተኛ/ ፈጣን

polako / brzo

እርጥብ/ ደረቅ

mokro / suho

ሞቃት/ ቀዝቃዛ

toplo / hladno

ጦርነት/ ሰላም

rat / mir

ቁጥሮች
brojevi

0	**1**	**2**
ዜሮ	አንድ	ሁለት
nula	jedan	dva
3	**4**	**5**
ሶስት	አራት	አምስት
tri	četiri	pet
6	**7**	**8**
ስድስት	ሰባት	ስምንት
šest	sedam	osam
9	**10**	**11**
ዘጠኝ	አስር	አስራ አንድ
devet	deset	jedanaest

12

አስራ ሁለት

dvanaest

13

አስራ ሶስት

trinaest

14

አስራ አራት

četrnaest

15

አስራ አምስት

petnaest

16

አስራ ስድስት

šestnaest

17

አስራ ሰባት

sedamnaest

18

አስራ ሰስምንት

osamnaest

19

አስራ ዘጠኝ

devetnaest

20

ሃያ

dvadeset

100

መቶ

stotinu

1.000

ሺህ

hiljadu

1.000.000

ሚሊዮን

milion

እንግሊዝኛ

engleski

የአሜሪካ እንግሊዝኛ

američki engleski

የቻይና ማንዳሪን

mandarinski kineski

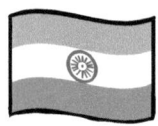

ሂንዱ

hindski

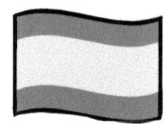

ስፓኒሽ

španski

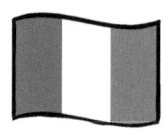

ፍሬንች

francuski

አረብኛ

arapski

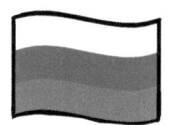

ራሺያኛ

ruski

ፖርቹጊዝ

portugalski

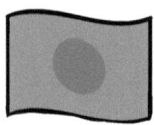

ቤንጋሊ

bengalski

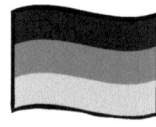

ጀርመን

nemački

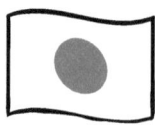

ጃፓንኛ

japanski

ማን/ ምን/ እንዴት
ko / šta / kako

እኔ

ja

አንተ

ti

እሱ/ እርሷ/ እቃዉ

on / ona / ono

እኛ

mi

አንተ

vi

እነርሱ

oni

ማን?

Ko?

ምን?

Šta?

እንዴት?

Kako?

የት?

Gde?

መቼ?

Kada?

ስም

ime

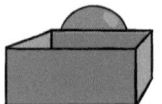

የት

gde

በስተጀርባ

iza

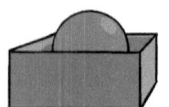

ዉስጥ

u

ከፊት ለፊት

ispred

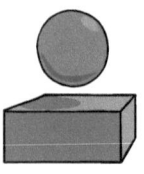

ከላይ

preko

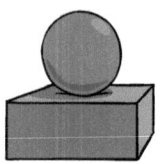

ላይ

na

ከስር

ispod

አጠገብ

pored

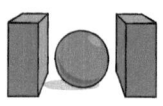

መሃከል

između

ቦታ

mesto